SUITE DE LA BROCHURE

SUR

LA RECONSTRUCTION

DU THÉATRE

ET

L'ACHÈVEMENT

DE L'EXTÉRIEUR DE L'HOTEL-DE-VILLE

D'ANGOULÊME

SUITE DE LA BROCHURE

SUR

LA RECONSTRUCTION

DU THÉATRE

ET

L'ACHÈVEMENT

DE L'EXTÉRIEUR DE L'HOTEL-DE-VILLE

D'ANGOULÊME

PAR

RIVAUD-CALLAUD

PRIX : 50 CENTIMES

POUR LE BUREAU DE BIENFAISANCE)

Argent et Lettre affranchis

ANGOULÊME

LIBRAIRIES DU PLATEAU

IMPRIMERIE CHARENTAISE DE A. NADAUD ET Ce

—

1867

HOTEL-DE-VILLE ET THÉATRE

(4e ARTICLE) (1)

Angoulême, 30 décembre 1866.

Mes Concitoyens,

Je viens accomplir un devoir.

Les différentes publications du *Charentais*, relatives à la reconstruction de notre Théâtre, vous ont tenus au courant des peines inouïes de notre Conseil municipal, dans ses recherches d'un emplacement propre à cette reconstruction ; vous savez où ses laborieuses recherches et études ont abouti : le Théâtre (jusque-là) doit être attaché au flanc du Parc, réédifié à la place des immeubles situés rue basse de cette promenade et désignés dans l'enquête d'utilité publique ordonnée et ouverte à ce sujet à la mairie, les 16, 17 et 18 novembre dernier.

Dès l'abord, j'ai prétendu, vous ne l'ignorez pas sans doute,

(1) Cet article de journal, ainsi que la brochure dont il est la suite, se trouve, aussi sous la forme d'une brochure, au bureau du *Charentais* et dans toutes les librairies du plateau. Prix : 50 c. (pour les pauvres).

(L'insertion de l'article a été refusée.)

soutenu dans divers articles publiés dans le même journal et par suite dans une brochure, que l'Hôtel de ville nouveau ne devait pas être dégagé, isolé complétement, que le Théâtre devait être reconstruit sur place (toutefois avec agrandissement), je puis dire, pour deux raisons d'art, et pour deux raisons de finances. Dans mon 3e article, et dans ma brochure, laquelle a été adressée aux deux administrations (municipale et supérieure), j'ai demandé que l'architecte de l'Hôtel de ville, M. P. Abadie, une autorité irrécusable et notre maître *à tous* dans l'art architectural (2), fût ouvertement consulté sur le premier point discuté; l'administration municipale, c'est-à-dire la majorité du Conseil municipal, restant dans ses idées, a passé outre et a marché jusqu'à l'enquête; restant aussi dans mes idées, j'ai protesté (en compagnie *bonne*).

Dans l'attente du résultat de l'enquête, la pensée m'est venue de consulter, moi-même, presque directement, M. P. Abadie. J'ai, dans ce but, adressé une lettre à mon ami M. J.-B. Mallat, qui, ainsi que M. P. Abadie, est notre compatriote et habite Paris; M. J.-B. Mallat était déjà muni de ma brochure, et la lettre contenait ma protestation dans l'enquête et une variante du plan indiqué dans la seconde combinaison de la première partie de la brochure, laquelle variante se trouve être à peu près la reproduction, comme équivalence, du plan de Théâtre fait récemment pour l'emplacement de la rue basse du Parc. M. J.-B. Mallat a fait la démarche, et M. P. Abadie lui a fait l'honneur, a eu la courtoisie d'y répondre aussitôt et aussi par

(2) M P. Abadie est un des architectes chargés par l'État de la restauration des monuments historiques de la France.

une lettre ; cette lettre, d'une valeur inappréciable dans la circonstance, est en ma possession depuis le 19 du courant.

Je crois indispensable, dans l'intérêt de la cité, de porter à votre connaissance la protestation, la variante du plan, et, surtout, la première moitié de la lettre de M. Paul Abadie.

PROTESTATION DANS L'ENQUÊTE

« Je, habitant d'Angoulême, soussigné, viens, dans l'enquête « présente, protester contre l'acquisition des immeubles situés « rues basse du Parc, du Secours et d'Austerlitz, pour servir « d'emplacement à la construction du Théâtre.

« 1° Parce que le Théâtre, construit sur cet emplacement, « serait dans des conditions mauvaises à l'extérieur : il se « trouverait sur le côté et aux deux tiers de la longueur de la « promenade du Parc ; relativement à son voisinage de face, il « serait comme dans *un trou* et une impasse ; il aurait pour « rue de face et d'accès direct, la rue basse du Parc, qui est « étroite et encaissée ; ses deux rues latérales, celle du Secours « et celle à faire, allant en pente très rapide à la rue d'Auster- « litz, sur laquelle doit donner le derrière du susdit, il y pa- « raîtrait comme sur *une quille,* et serait d'une énorme irrégu- « larité de socle du côté des rues latérales ; l'étroite place qui, « en retrait de la ligne des maisons et en contre-haut des « rues latérales, doit précéder sa façade, rendrait difficile ou « impossible (3) l'approche des voitures des entrées ou sorties

(3) Bien qu'on ait dans le nouveau plan modifié cet inconvénient par un péristyle.

« principales (voir la délibération y relative du Conseil muni- « cipal du 24 mai dernier) ; de plus, on serait peut-être en- « traîné, pour obtenir de la commodité et de la perspective, « à déformer la promenade du Parc et à en abattre les arbres « (*couronnement* de l'œuvre).

« 2° Parce que le Théâtre, construit sur l'emplacement « qu'occupent ensemble le Théâtre actuel et l'ancien Hôtel « de ville avec l'addition du terrain occupé par l'Hôtel Bau- « douin, serait dans des conditions admirables à l'extérieur (et « pouvant, avec des dispositions différentes et très belles, avoir « des dimensions moindres ou plus fortes que celles qu'on « veut lui donner (séance du 24 mai), soit 45 mètres sur 23) : « non-seulement il serait en face et dans l'axe de la prome- « nade, aurait des abords magnifiques, des vestibule et foyer « vastes, et de vastes corridors sur le square de la rue de Plai- « sance, etc., mais encore, se combinant avec les squares et « les maisons de Plaisance et de l'Arsenal, formerait un en- « semble parfait avec l'Hôtel de ville et éviterait *d'estropier* « plus tard ce dernier par un isolement complet *non modifié;* « de plus aussi, en ayant *mieux*, on épargnerait les finances « de la commune, dans le présent les dépenses seraient moins « fortes de 100,000 francs et dans l'avenir de 1,000,000 (4) « (je le prouverai quand on voudra).

« D'où il suit, que s'il y a utilité publique à reconstruire le « Théâtre, et pour son insuffisance de grandeur et parce qu'il « ne répond plus aux exigences de l'époque, il n'y a évidem- « ment pas utilité publique à en changer l'emplacement, à

(4) En y faisant figurer les dépenses à retrancher dans le présent.

« donner la préférence pour son établissement à celui qu'occu-
« pent les immeubles qu'on se propose d'acquérir rues basse
« du Parc, du Secours et d'Austerlitz.

« Conséquemment, tout donne lieu de croire que le Conseil « municipal, renonçant à ce dernier projet, dont l'acceptation « n'est peut-être que le résultat de la lassitude, reviendra à « son projet premier, mais en augmentant l'emplacement qui « appartient à la commune, de celui qu'occupe l'hôtel Bau- « douin (lequel, évidemment, coûtera moins que les immeu- « bles (5) dont s'agit).

« Dans cette enquête, comme pièce à l'appui de cette pro- « testation, je dépose dans les mains de M. le commissaire « enquêteur un exemplaire de ma brochure *sur la reconstruc- « tion du Théâtre et l'achèvement de l'extérieur de l'Hôtel de « ville d'Angoulême.* »

« R.-C. »

VARIANTE DU PLAN DU THÉATRE

(Répondant à toutes les objections)

« *Intérieurement.* En face de la promenade, un péristyle « ayant sept belles ouvertures cintrées, et, peut-être, une de « chaque côté (au-dessus, une partie du foyer et deux petites « pièces), profondeur 3 (ou 4) mètres, largeur 21^{m} 50^{c}; à la

(5) Ces immeubles coûteront 200,000 francs, l'hôtel Baudouin 100,000 ; lesquels 100,000 francs ne doivent pas être portés au compte du Théâtre, car, pour l'isolement complet, il faudrait aussi acquérir cet hôtel.

« suite, un vestibule avec escalier de chaque côté (au-dessus, « et aussi sur le péristyle, un foyer de 9m 35c sur 11m 50c), « profondeur 6 (ou 5) mètres, largeur 11m 50c.

« *Intérieurement*. Dans l'autre sens (l'escalier de droite arri « vant très bien derrière et dans l'axe de la salle), 1° la salle, « profondeur 19 mètres, largeur 21m 50c ; 2° la scène, profon- « deur 11 mètres, largeur 21m 50c ; 3° les services, profondeur « 5 à 6 mètres, largeur 21m 50c.

« L'épaisseur des murs extérieurs serait de 0m 75c. Il y au- « rait au moins quatre escaliers ; des entrées et sorties autant « qu'on en voudrait ; des corridors de 2 mètres, et de 2m 80c « sur le square de Plaisance ; la disposition des toitures serait « parfaite, et, dans ces conditions, le plan d'ensemble resterait « à très peu près tel qu'il est dans la brochure.

« Dans cette disposition comme dans toutes celles que j'ai « indiquées ou décrites, bien qu'avec une apparence de liaison « normale des constructions, sans inconvénient il serait facile, « en crainte du feu, de séparer réellement et assez largement « l'Hôtel de ville du Théâtre, en donnant, à cet endroit, au « mur du Théâtre la forme d'un angle rentrant dont les lignes « seraient parallèlement à égale distance (2 mètres) de celles « de l'angle saillant de l'Hôtel de ville. Ainsi, on pourrait « avoir entre les deux un passage de 2 mètres, sans interrup- « tion dans la hauteur, et il en résulterait cet autre avantage « qu'avec une porte dans les murs de liaison apparente il y « aurait communication d'un square à l'autre.

« Le Théâtre n'aurait pas d'ouvertures dans ce passage ; les « murs de liaison apparente iraient ou n'iraient pas jusqu'à la « hauteur des constructions.

« Évidemment, en faisant à peu près même chose du côté « des maisons des rues de Plaisance et de l'Arsenal, les trois « squares seraient en communication directe et facile par deux « passages d'une largeur de 2 mètres ; lesquels passages, favo- « rables à l'ensemble, isoleraient en réalité l'Hôtel de ville, le « Théâtre et ces maisons sans les isoler en apparence. »

« R.-C. »

FRAGMENT DE LA LETTRE DE M. P. ABADIE

« Paris, 16 Décembre 1866.

« MONSIEUR,

« Par lettre du 15 du courant, vous me faites l'honneur de me « demander si, lorsque j'ai conçu le plan de l'Hôtel de ville « d'Angoulême, il entrait dans ma pensée de le dégager un jour « des maisons situées entre la rue de l'Arsenal et la rue de « Plaisance. Il n'y a qu'à examiner le plan, sa disposition « exceptionnelle, pour reconnaître de suite que jamais je n'ai « cru ce dégagement possible, et que je n'ai rien préparé dans « ce but. Le programme qui m'était donné ne prescrivait rien « à cet égard, c'est-à-dire qu'il n'entrait pas davantage dans « la pensée de l'administration d'isoler jamais l'Hôtel de ville, « au moins de ce côté ; la tour d'angle rend la chose presque « impossible. Sur le Marché-Neuf la chose serait plus possible, « mais je n'en vois pas jusqu'à présent l'utilité ; pourtant il y a « de ce côté une disposition de façade faite en vue d'un déga-

« gement praticable, toutefois avec quelques modifications.
« L'irrégularité du terrain a conduit à faire, du côté de l'hôtel
« de France, un grand pignon en saillie qu'on ne pourrait ja-
« mais montrer en façade ; mais comme je croyais alors à la
« conservation de l'hôtel de France et à la construction du
« Théâtre à la place de la mairie actuelle, construction très
« possible sur cet emplacement, le seul convenable à mon avis
« sous tous les rapports, je n'ai pas songé à tirer un parti dé-
« coratif de ce pignon qui choque nos regards aujourd'hui, et
« qui sera autrement désagréable quand on aura enlevé l'an-
« cienne mairie et l'hôtel de France (6).

« Ce jour-là, l'aspect le plus important de l'Hôtel de ville sera
« du côté du Parc, et l'on n'en verra pourtant, dans son entier
« développement, que la seule façade non faite pour être vue,
« et la façade de la place de Plaisance que l'on verra en profil
« de façon à n'apercevoir que les arêtes des contreforts, qui
« feront assez l'effet d'un paquet d'allumettes. Toute chose
« bonne, matérielle ou immatérielle, peut devenir stupide si on
« la prend à l'envers, et là l'envers sera complet dans toute son
« étendue. Je vous prie de bien croire que je n'ai pas eu d'ac-
« tion, que je n'ai pas été consulté dans cette affaire, selon
« moi, déplorable.

« Avoir un ensemble non symétrique, c'est vrai, mais com-
« biné et complet, le voir déchiqueter, débrailler pour en
« disséminer les parties de façon à ce que chacune d'elles soit

(6) Est-il nécessaire de faire observer ici que ce pignon, qui selon M. P. Abadie ne doit pas paraître, serait masqué dans mon plan d'ensemble, ou par l'annexe *f* ou par son équivalent le prolongement du Théâtre faisant façade sur la cour *g*?

« présentée sous son plus mince, son moins intéressant aspect,
« cela me semble. . . . .
« . . . .

« P. Abadie. »

Dans la dernière moitié de sa lettre (partie confidentielle), l'artiste indigné continue de défendre avec chaleur son œuvre, continue de combattre et de repousser, avec vivacité et de toutes ses forces, les actes actuels de l'administration municipale actuelle qui l'attaquent.

Si ce dont nous sommes menacés n'était pas aussi sérieusement fâcheux et triste, je serais heureux et fier d'avoir, dans mon initiative isolée, aussi bien interprété, aussi bien compris, dans sa conception, le beau monument de M. P. Abadie ; et encore, de m'être rencontré avec cet architecte de mérite dans le choix de l'emplacement à donner au nouveau Théâtre.

Maintenant je dirai, m'adressant à toute personne qui peut agir dans cette question *grave* et complexe :

Placez-vous au centre de la cour d'honneur de l'Hôtel de ville, et, en pivotant, en tournant sur vous-même, examinez attentivement ; voyez notre cathédrale restaurée ; allez voir l'église de Saint-Martial, et aussi l'église de Saint-Ausone, malgré les objections qu'a soulevées la flèche de son clocher (7).

(7) La critique est aisée, et l'art est difficile.

(Boil.)

Tous les genres sont bons, hors le genre ennuyeux.

(Vol.)

Puis, fixée sur la valeur que doit avoir dans la question l'opinion formelle de l'auteur et du restaurateur de ces œuvres, dans la mesure de vos forces, travaillez à l'isolement complet de notre Hôtel de ville, vous vous *immortaliserez* sûrement (comme Érostrate), vous aurez aidé sciemment à *massacrer* l'extérieur de ce bel édifice; et, en même temps, dans la mesure de vos forces encore, travaillez au déplacement du Théâtre de la ville, vous aurez *la satisfaction* d'avoir sciemment encore aidé à le *moins bien* situer.

Comprenons et reconnaissons enfin qu'il y aurait démence à poursuivre l'isolement complet de l'Hôtel de ville et la reconstruction du Théâtre ailleurs qu'où il est. Arrêtons-nous, et revenons; je le répète, nous aurons en tout *mieux*, et nos finances s'en trouveront *bien*.

Le devoir est accompli.

J'ai l'honneur d'être, mes chers concitoyens, votre serviteur très humble,

RIVAUD-CALLAUD.

Angoulême, Imp. A. NADAUD et Cᵉ, rempart Desaix, 26.

www.ingramcontent.com/pod-product-compliance
Lightning Source LLC
LaVergne TN
LVHW050520160826
845677LV00004B/1243